LE "JOURNAL"

ET

la République d'Haïti

PAR LE

Dr Aug. CASSÉUS

Bibliothèque Nationale
de Paris
Rue de Richelieu

PARIS
IMPRIMERIE TYPOGRAPHIQUE A. DAVY
52, RUE MADAME
—
1908

UNE

EXPLICATION NECESSAIRE

Nous avons été amené malgré nous à faire de la polémique et à avoir recours à un genre de publication que nous aurions voulu éviter. Mais il faut compter avec le parti-pris et la mauvaise foi des gens.

Les lettres et l'article que nos lecteurs verront plus loin avaient été destinés au *Journal*. — En effet, à la suite d'un article de M. Pierre Baudin, paru dans le *Journal* du 17 août, — et qu'on lira plus loin, — nous avions adressé à l'Administration du *Journal* une lettre, qu'on verra également à la suite, en rectification des erreurs et des fantaisies grotesques que M. P. Baudin, — il n'en a pas eu l'étrenne, — avaient débitées sur la République d'Haïti.

Tout naturellement, l'Administration fit la sourde oreille.

Mais elle avait compté sans la persévérance et la ténacité dont est capable un cœur de patriote blessé dans son amour le plus cher : celui de la patrie.

Nous nous présentâmes donc aux bureaux du *Journal*, après deux jours d'attente, pour avoir la raison du silence de l'Administration.

Nous fûmes reçu et écouté avec bienveillance et intérêt. On admit nos observations comme paraissant très fondées. On nous avoua même que souvent on écrivait des articles sans aucune documentation. Nous nous empressâmes d'affirmer que c'était le cas de M. Baudin, qui est trop..... *encyclopédiste* pour avoir aucun fond sérieux. — C'est la « ponte » à jet continu, sur tous les sujets possibles, imaginables et même inimaginables. — Mais, qui peut tout savoir, dirait le bon La Fontaine ?

M. Baudin qui a toutes les audaces aurait peut-être le « culot » de répondre : *moi.*

Dans cette entrevue avec les *grosses légumes* du *Journal* on causa naturellement des derniers événements politiques d'Haïti, sur lesquels nous apportions des faits nouveaux et intéressants. — Nos déclarations avaient surpris d'autant plus qu'elles étaient en contradiction flagrante avec un long article, — sur ces mêmes événements, — publié la veille dans le *Journal*, sous la signature de M. Fernand Hauser.

A la suite de cet entretien, l'Administration du *Journal* nous déclara qu'il lui était difficile de publier une lettre qui étalait *au grand jour les erreurs d'un rédacteur estimé du* Journal. Mais elle nous demanda EXPRESSÉMENT d'écrire de préférence un article, — l'allure en serait moins sévère, — dans lequel nous aurions éclairé en même temps l'opinion publique sur les troubles politiques de la République noire.

Nous acceptâmes l'offre de M. l'Administrateur du *Journal*, et deux jours après nous lui apportions un article intitulé : « La question africaine et les événements d'Haïti. »

Après lecture, M. l'Administrateur nous donna l'assurance formelle que notre article *passerait* incessamment.

Nous eûmes plusieurs rendez-vous pour la correction des épreuves. Chaque fois il y eût une excuse nouvelle jusqu'au jour où, M. l'Administrateur, pour se débarrasser de nous, nous pria de nous mettre en rapport avec M. Fernand Hauser, qui nous écrivit le petit chef-d'œuvre qu'on lira plus loin.

Indigné de la conduite de M. l'Administrateur du *Journal*, nous adressâmes personnellement à M. Pierre Baudin, — sous pli recommandé, — une lettre qui nous avait été inspirée par un article de ce même M. Baudin, en réponse à une *attaque contre la France*, parue dans la revue allemande *Die Zukunft*, dirigée par M. Maximilien Harden, aujourd'hui très connu, par le mémorable procès du prince d'Eulenbourg. — Nous n'avons pas plus entendu parler de M. Baudin que s'il n'existait pas. — Comme nous le lui avons dit dans notre lettre, nous livrons les lignes qui suivent au bon sens et au jugement du public parisien.

Dr Aug. Casséus.

Extrait du *Journal* du 17 Août

La Protection des Noirs

Ce ne sera pas l'un des chapitres les moins curieux de l'histoire de l'Afrique, que celui de l'*Etat indépendant du Congo*. Comment à la fin du XIXe siècle un prince devient le plus grand chef de factoreries ; comment il fait servir à ses vues et à ses intérêts l'Etat monarchique qu'il représente ; comment il engage ses finances dans l'entreprise ; comment il fait endosser par son peuple ses dettes commerciales ; comment il couvre de son pavillon les abus des Compagnies qu'il dirige ou fonde ; comment, en fin de cause, il passe la main à son peuple, lui suggère l'esprit colonial et lui transmet la propriété de l'une des plus vastes colonies du monde : — Voilà les titres qu'on pourrait proposer à la suite des paragraphes de cette chronique. Et, à tout prendre, l'ensemble ne ferait-il pas une belle figure en face de cet autre chapitre de l'histoire des colonies au XVIIIe siècle : Comment le roi Louis XV sacrifia le vaste empire qu'avait acquis à la monarchie la hardiesse et le génie de la découverte de ses sujets : comment sa corruption et l'influence de ses maîtresses prévalurent sur l'héroïsme de ses généraux, de ses marins et de ses troupes.

A coup sûr, la postérité donnera l'avantage au roi bien argenté sur le Bien-Aimé. Il n'est qu'un point où l'œuvre du roi des Belges souffrira d'une juste critique. Il s'agit du régime des indigènes au Congo. Tout le monde se rappelle les révélations par la presse anglaise des traitements cruels imposés aux noirs sujets à la fois de l'Etat indépendant et des Compagnies concessionnaires. Sans doute, certains de nos administrateurs n'ont pas échappé à ces accès de folie tyrannique qui, hélas ! sous le climat africain et loin du contrôle de la métropole, s'emparent trop souvent des chefs blancs. Mais c'étaient là des faits isolés et tombant sous le coup de la loi.

Sans doute encore la difficulté formidable de ravitailler nos postes avancés nous a entraînés à réquisitionner des villages entiers pour le portage. Et l'on a vu leurs populations décimées au cours des étapes accomplies dans ces régions où règnent les fièvres et la maladie du sommeil. Mais nos fonctionnaires ne faisaient là qu'obéir à la nécessité la plus élémentaire. Et, en somme, cette pratique n'a pas atteint l'universalité des indigènes du Congo français.Elle ne tombait pas comme un inéluctable supplice sur tous. Enfin, elle a reçu des atténuations considérables et, si je ne me trompe, elle cessera dans un avenir prochain.

Rien de tout cela n'est, en réalité, comparable au système d'impôts qui pèse sur les noirs de l'Etat indépendant du Congo. C'est le paiement en travail et en denrées, avec tout l'arbitraire que comporte son évaluation faite par des sous-traitants, par des Compagnies obligées par contrat de verser à l'Etat et au roi son chef des sommes énormes, dépassant en réalité les forces contributives du pays. Cela se dégage des rapports des commissions d'enquête belges eux-mêmes. Et — Dieu merci — on sent qu'ils s'inspirent à la fois de la plus grande réserve et du patriotisme le plus scrupuleux.

Il est maintenant à peu près certain que le Parlement belge votera la proposition d'annexion du Congo belge. Mais la question de la main-d'œuvre indigène a bien failli y faire obstacle. Comment,en effet,un pays comme la Belgique accepterait-il d'établir sa souveraineté sur un territoire colonial en prenant à son compte un statut légal qui ne se recommande que de la plus grossière barbarie ?

Nous tenons en trop haute estime nos voisins pour

penser qu'ils l'eussent conservé. Mais il ne dépendait pas de leur volonté absolue que cet état de choses cessât. Une partie des revenus des Compagnies alimente le budget de la colonie. Et il n'est pas possible de mettre fin aux abus sans toucher à leurs ressources. Il faudra donc beaucoup d'habileté et de sagesse pour mettre le statut colonial en conformité avec les règles de la civilisation occidentale. Nos voisins et amis y parviendront. Nous leur faisons confiance entière.

Ce sera néanmoins l'honneur de deux pays, l'Angleterre et les Etats-Unis, d'être carrément intervenus en faveur des noirs du Congo belge avec toute l'autorité de leurs diplomaties.

Sans doute, il serait difficile de généraliser l'emploi de la diplomatie à se mêler des affaires d'une autre puissance. Mais, en l'espèce, nulle voix ne saurait s'élever dans le monde autrement que pour approuver les représentations britanniques et américaines.

Elles ont porté leurs fruits. Elles ont procuré aux députés belges qui discutaient les propositions du roi un point d'appui. Elles ont fait saisir mieux à l'opinion publique les difficultés de la reprise de la colonie. Elles ont, par conséquent, agi sur les conditions mêmes de l'opération. La modération même du mémorandum anglais a ménagé l'amour-propre national des Belges. Et leur gouvernement a pris l'engagement et de supprimer le paiement de l'impôt en nature ou en travail et de reconnaître aux indigènes des droits très étendus de possession territoriale.

Nous faisons donc des vœux sincères pour que ce long incident se termine à la satisfaction des intervenants et de la Belgique.

Mais une leçon s'en dégage, que tous les pays colonisateurs devraient mettre à profit. Le régime qu'il convient d'appliquer aux noirs fait bien l'objet de dissertations ingénieuses dans les congrès coloniaux. Nombre de monographies relatent les expériences conduites par tel ou tel gouvernement. Il y aurait, aujourd'hui, mieux à faire. Et ce mieux, mon ami et collègue M. Lucien Hubert l'a indiqué dans une note adressée au ministère des Colonies.

Ce serait « la réunion d'un Congrès européen chargé d'énoncer quelques principes tutélaires dont la colonisation moderne doit s'inspirer pour la sauvegarde et l'éducation des races africaines ».

L'idée nous semble, comme à M. Lucien Hubert, très réalisable et très utile. Nous ne croyons pas à la possibilité de faire des noirs nos frères en droits et en civilisation. Les belles rêveries de la Révolution ont produit à Haïti et à Saint-Domingue des résultats si déplorables qu'ils suffisent à nous convaincre du danger de la politique d'assimilation. Dans ces deux pays, chaque général, Nord, Sud, Télémaque ou Ulysse, y proclame à son bénéfice la Déclaration des Droits de l'Homme en mitraillant les suspects. Et je me souviens d'un mémoire haïtien où le gouvernement noir invoquait des textes les plus authentiques de notre droit à l'appui de l'acte le plus inique et le plus révoltant commis au préjudice d'un Français. Non, non, il faut en rabattre des grandes idées d'égalité de races et d'universelle fraternité. Mais il y a un autre service à rendre aux noirs que de leur conférer des droits politiques. Il s'agit de les faire servir aux progrès mêmes de la terre qu'ils habitent et que notre génie féconde.

Mais, entendons-nous : faire servir ces races aux progrès de la civilisation, c'est aussi bien les mettre à l'abri des abus d'autorité que les garder de leurs propres vices. Le gaspillage des forces humaines est le plus criminel de tous.

L'Europe se réunit en congrès pour protéger les richesses de la faune et de la flore africaines. Il est temps qu'elle applique ses délibérations aux millions de noirs qu'elle gouverne.

Pierre Baudin.

Paris, le septembre 1908.

Monsieur l'Administrateur du JOURNAL,

En ville.

Monsieur l'Administrateur,

J'ai lu ce matin dans votre intéressant journal pour lequel j'ai la plus grande sympathie, un article très bien fait, intitulé : *La Protection des noirs*, et signé de M. Pierre Baudin.

L'auteur, très documenté sur les « Choses africaines », — qui ont fait verser jusqu'ici des flots d'encre et de salive, — semble l'être encore davantage sur les transactions financières auxquelles se livre le roi des Belges dans l'Etat indépendant du Congo.

Je partage tout à fait son admiration pour l'Angleterre et les Etats-Unis, qui sont carrément intervenus en faveur des noirs du Congo belge, avec « toute l'autorité de leurs diplomaties ». Comme M. Pierre Baudin je félicite les députés belges d'avoir compris que la civilisation occidentale s'accordait mal des combinaisons financières de leur souverain et surtout des moyens employés par les compagnies qu'il dirige pour les faire réussir.

Le rédacteur au *Journal*, dans un bel élan de haute humanité a réclamé non seulement en faveur des sujets noirs de Léopold II, mais de tous les noirs du vaste continent africain, un régime nouveau, plus conforme à la civilisation moderne.

Si la philosophie de M. P. Baudin lui a inspiré des sentiments humanitaires très louables en faveur des Congolais belges et de tous les fils de Cham en général, il n'oublie pas, — pour se donner peut-être une attitude de « protecteur » plus digne, — qu'il n'y a pas

« possibilité de faire des noirs ses frères en droits et en civilisation ».

Comme on le voit, la philanthropie du rédacteur au *Journal* a des limites. Il ne préconise pas le *triomphe intégral* de la *civilisation occidentale*, pas plus qu'il n'admet le *principe unique du droit universel*, lorsqu'il s'agit des noirs. Nous oserons dire à M. Pierre Baudin, — malgré la compétence et l'autorité de son opinion, — que sa conception des droits et de la civilisation qui admet deux poids et deux mesures nous semble très singulière et peu en harmonie avec les sentiments qu'il a lui-même exprimés en faveur des noirs africains.

Mais à l'appui de cette opinion que le rédacteur au *Journal* croit sans appel, il a cité *Haïti* et *Saint-Domingue*, où « les belles rêveries de la révolution ont pro- « duit des résultats si déplorables ». Si M. Baudin, doublé de son ami et collègue, M. Lucien Hubert, est très « ferré » sur les questions africaines, il nous paraît moins documenté sur l'histoire universelle, — c'est une lacune regrettable, — et particulièrement sur l'*histoire d'Haïti*. Car, si les Haïtiens se sont simplement inspirés des grandes idées de la Révolution pour affermir leur foi dans l'idéal d'une destinée plus haute, ils ne doivent pas moins leur indépendance et leur liberté à leur seul génie, à leur courage et à leur héroïsme.

Les Haïtiens ont eu à soutenir, pour le triomphe de leur cause sainte, — une des guerres les plus meurtrières que l'histoire ait jamais eu à enregistrer.

Nous n'entrerons pas ici dans le détail de cette lutte de géants. Les événements appartiennent à l'histoire. Nous y renvoyons volontiers M. le rédacteur au *Journal*, pour une documentation plus sérieuse de ses articles avenir.

C'est encore pour n'avoir pas puisé à cette source que M. Baudin nous a parlé, en désignant toujours Haïti, « du danger de la politique d'assimilation. »

Que vient faire la « politique d'assimilation » dans un pays où, des hommes conscients de leurs droits, — oui, conscients de leurs droits, — n'en déplaise à M. Baudin, — ont lutté victorieusement, sans le secours de personne, pour briser le joug que faisait peser sur eux d'autres *hommes* qui *n'étaient leurs frères ni en droits ni en civilisation?*

Critiquez, si vous voulez, — vous aurez souvent raison, — les fautes politiques des Haïtiens; — que ceux-là qui n'en commettent point jettent la première pierre, — mais ne vous donnez pas comme tuteur d'un peuple qui, malgré vous, a glorieusement *conquis* sa place dans le monde civilisé, par ses propres ressources, aidé dans cet effort gigantesque, de son amour de la liberté et de l'indépendance.

En manière de conclusion, M. le rédacteur au *Journal* nous a dit se rappeler « un mémoire haïtien où le « gouvernement noir invoquait des textes les plus au- « thentiques de notre droit à l'appui de l'acte le plus « inique et le plus révoltant commis au préjudice d'un « Français ». Et M. Baudin de s'écrier : « Non, non, « il faut en rabattre des grandes idées d'égalité de ra- « ces et d'universelle fraternité. »

M. Baudin ne craint certainement pas un démenti puisqu'il s'est gardé prudemment de dire le moindre mot de cet « acte inique et révoltant » auquel il a fait allusion.

Ce dernier argument, que nous voulons bien compter à l'actif du rédacteur au *Journal*, — il faut qu'il nous sache gré de cette générosité, car, il n'en a vraiment pas beaucoup, — n'est quand même pas assez décisif pour condamner toute la race noire à une infériorité irrémédiable.

Bien des gouvernements, — j'en citerais pour lesquels M. Baudin a la plus grande admiration, — tout en ignorant totalement la belle langue de M. Baudin, commettent des actes iniques et révoltants sans avoir besoin d'invoquer des textes authentiques du droit dont il semble si jaloux.

Nous ne voulons pas croire l'auteur de la *Protection des noirs*, de mauvaise foi ni de parti-pris ; mais nous le blâmons de parler avec une telle aisance d'une nation dont il ignore entièrement l'histoire.

C'est dans l'intérêt de la vérité historique et pour l'honneur du peuple haïtien que je vous demande de vouloir livrer cette lettre à l'appréciation des lecteurs du *Journal*.

Veuillez agréer, etc.

Dr Aug. Casséus.

La Question africaine

et les évènements d'Haïti

La question africaine et, par conséquent, de la race noire tout entière est de nouveau à l'ordre du jour.

Depuis quelque temps toutes les nations européennes qui ont des possessions dans le vaste continent noir s'occupent d'élaborer des projets, des plans de réforme, de favoriser la réunion de congrès coloniaux en vue d'introduire un régime nouveau dans leur système de gouvernement ou de protectorat.

L'annexion à la Belgique de l'*Etat indépendant du Congo*, jusqu'ici propriété du roi Léopold II, — dont s'occupent avec une indépendance admirable les députés belges, — a ému l'opinion publique. Ceux-ci ont compris enfin que la civilisation occidentale s'accordait mal des combinaisons financières de leur souverain et du mode d'impôts honteux et méprisable qui pèse sur les noirs de l'*Etat indépendant du Congo*. Conscients de la responsabilité et du rôle que va jouer dans le monde la Belgique devenue nation éducatrice de peuple, ils ont compris aussi que l'ère des abus, — empreints de la plus grossière barbarie, — et des traitements inhumains avaient vécu, et qu'il y avait d'autres moyens d'assurer le développement et la prospérité économique de l'une des plus grandes colonies du monde.

Il n'y a pas, jusqu'aux gouvernements comme ceux de Washington et de Londres, qui ne soient intervenus en faveur des noirs du Congo belge « avec toute l'autorité de leurs diplomaties ».

Partout les voix sont unanimes à approuver l'initiative anglo-américaine. Partout on réclame au nom de l'humanité et de la civilisation une amélioration du sort des noirs africains. Un si beau mouvement de la part de grandes puissances civilisées devait réjouir le cœur de tous ceux qui appartiennent à cette race, dont la grande majorité est encore tenue dans l'ignorance la plus complète et l'accroupissement le plus abject.

Mais cet élan de haute humanité et de grand intérêt comporte des restrictions qui prouvent qu'on n'est pas encore tout à fait revenu des vieilles idées et des erreurs d'autrefois. Au contraire. Il semble qu'on a peur de donner franchement à ce peuple d'Afrique l'impulsion généreuse et intelligente qui doit favoriser son évolution.

Les lecteurs du *Journal* se rappelleront sans doute avoir lu il n'y a pas longtemps un article, en apparence très documenté, intitulé : *La Protection des noirs*.Dans cet article, l'auteur, après avoir eu l'air de plaider avec un certain enthousiasme la cause de ces *non civilisés*, a eu comme un remords de conscience et a changé son fusil d'épaule en essayant de prouver à la fin (*in cauda venenum*), l'infériorité de la race en faveur de laquelle cet apôtre de la civilisation réclamait un régime nouveau. — Il disait, entre autres choses, « qu'il n'y avait « pas possibilité de faire des noirs ses frères en droits « et en civilisation. Non, non, il faut en rabattre des « grandes idées d'égalité de races et d'universelle fra« ternité. » Et, considérant que l'avenir de la République d'Haïti est lié à la cause africaine comme le vêtement et la doublure, il a ajouté « que les belles rêve« ries de la révolution ont produit à Haïti et à Saint« Domingue des résultats si déplorables qu'ils suffisent « à nous convaincre du danger de la politique d'assi« milation ».

Pour notre part, nous croyons aussi dangereux pour la cause des noirs le peu de soin que mettent à se documenter d'une façon sérieuse ceux qui ont le rôle d'éclairer l'opinion publique sur cette question si complexe et si embrouillée de la colonisation africaine. Il semble qu'il y ait un parti-pris manifeste, à défaut d'argumentation, à faire flèche de tout bois pour prouver l'inaptitude de la race noire à s'assimiler les idées et les progrès de la civilisation moderne.

Nous avons vu des journalistes en quête de reportage disserter sur le problème de l'égalité des races en se basant uniquement sur les rivalités existant entre les blancs et les nègres du Sud de l'Amérique du Nord, pour décréter *ipso facto* l'infériorité intellectuelle et morale de ces derniers. On ne veut pas se donner la peine de savoir que ces rivalités ont une *raison purement économique*, « le *struggle for life* », et n'influent nullement sur l'évolution des 15 millions d'Africains dont se compose la population noire des Etats-Unis d'Amérique.

Pour revenir à Haïti, il est à remarquer que tous ceux qui se sont donnés le rôle de parler de la République noire, de son peuple et de ses « révolutions périodiques » ont toujours donné la preuve d'une ignorance absolue de l'histoire de ce pays. Si les Haïtiens se sont inspirés des grandes idées de la révolution pour raffermir leur foi dans l'idéal d'une destinée plus haute, ils ont dû leur liberté et leur indépendance à leur seul génie.

Les anciens esclaves de Saint-Domingue dont les glorieux efforts ont été couronnés de succès ont *conquis* leur place parmi les nations qui vivent de leur vie propre sans le secours d'aucune direction étrangère et sans avoir subi l'influence d'aucune politique d'assimilation.

N'est-ce pas la preuve indéniable que nous avons eu nous-mêmes conscience de nos droits ? — Mais on nous objectera nos dissenssions intestines, nos guerres civiles ?

Sans vouloir rechercher ici, — ce qui nous entraînerait dans des développements trop copieux, — l'origine et la raison de nos rivalités politiques, nous ne les croyons pas un argument assez puissant à prouver que nous sommes réfractaires à la civilisation, pas plus qu'elles ne démontrent notre inaptitude à nous gouverner nous-mêmes.

La « civilisation, a dit un journaliste anglais, à propos de la tragédie de Lisbonne, *n'existe qu'à fleur de peau chez l'homme qui, lorsqu'une passion l'agite, retourne vite à la sauvagerie* ». Le journaliste anglais a raison.

Il y a tant d'exemples à l'appui de cette opinion qu'il n'est pas besoin d'en citer ici.

Les Haïtiens trop passionnés pour les intrigues politiques oublient malheureusement trop souvent qu'une nation ne peut être grande, forte et respectée qu'autant qu'elle travaille en paix à son développement moral, à sa prospérité économique, en un mot au bien-être général de la collectivité.

Puisque la rédaction du *Journal* a bien voulu nous le demander, nous saisissons volontiers l'occasion de dire quelques mots de vérité sur les derniers événements d'Haïti, qui ont tant passionné l'opinion publique en France.

Le mandat présidentiel du général Sam élu par les Chambres après la mort du président Hyppolite, suivant le texte de la constitution, devait expirer le 15 mai 1902. Une longue discussion s'éleva au sujet de l'interprétation de l'article constitutionnel. Les partisans et les amis du Président prétendaient faire durer son mandat jusqu'au mois de mai 1903. Le général Sam luimême ne s'était jamais prononcé ouvertement sur ses intentions. Et comme il disposait de la force, ceux qui réclamaient le respect de notre charte constitutionnelle furent les uns emprisonnés, les autres exilés; le reste réduit au silence par l'intimidation. On chuchotait cependant que le Président en avait assez du pouvoir et qu'il était surtout assez riche pour désirer prendre du repos et vivre d'une vie calme et paisible dans le beau pays de France. Les esprits étaient très surchauffés. Partout le vent de la révolte soufflait. Le général Sam devant le flot grossissant des mécontents jugea prudent de plier bagages. Il se résigna à descendre du pouvoir. Et le 12 mai 1902, il lançait une proclamation au peuple et à l'armée pour annoncer la résolution qu'il avait prise de se retirer et pour expliquer en même temps qu'il avait trop le respect de la Constitution, — expression de la volonté nationale, — pour ne pas se soumettre à son vœu. Néanmoins, le général Sam essaya d'imposer à l'Assemblée nationale l'élection de son beau-frère, le général M. Momplaisir.

La Chambre et le Sénat refusèrent d'accepter les ordres de celui qui n'était plus le chef du pouvoir exécutif et arrêtèrent leur choix sur le général Cincinnatus Leconte, ministre des Travaux publics d'alors.

A Port-au-Prince, siège de l'Assemblée nationale, quelques jeunes gens, sous la conduite de l'ex-président Boisrond Canal, profitant de ce que le général Sam ne voulut pas envoyer des forces pour protéger les députés et assurer l'élection présidentielle, tirèrent des coups de feu sur l'Assemblée nationale au moment où celle-ci allait procéder au vote.

Les députés et les sénateurs affolés prirent leurs jambes à leur cou. Les Chambres étaient dissoutes.

Ce fut à Port-au-Prince pendant plusieurs jours, une véritable anarchie.

C'est alors que le général Nord et M. Firmin, ce dernier récemment arrivé de France où il était ministre d'Haïti, organisèrent au Cap-Haïtien une formidable armée et vinrent camper aux portes de Port-au-Prince, prêts à dicter des lois. La population s'émut à l'approche de l'armée du Nord et résolut de s'opposer à son entrée dans la capitale.

L'événement pouvait être gros de fâcheuses et redoutables conséquences. Des amis et des partisans de M. Firmin intervinrent et le persuadèrent de désavouer le général Nord Alexis, jusque-là son grand ami. Tout le monde savait dans le pays que le général Nord aimait M. Firmin comme son propre fils,

Les journaux firministes, aidés de leur chef, accusèrent Nord Alexis d'avoir voulu déchaîner la guerre civile. Surpris de la conduite de M. Firmin, le chef de l'armée du Nord ne montra pas moins dans cette circonstance un grand calme et beaucoup de tact.

Devant le danger que faisait courir au pays une situation si peu stable, il considéra l'intérêt général, et favorisa le rétablissement de l'ordre.

Un gouvernement provisoire fut établi avec Boisrond Canal comme chef et Nord Alexis chargé des portefeuilles de la Guerre et de la Marine. Nord Alexis chef incontesté de l'armée haïtienne était une garantie de la paix publique.

M. Firmin se déclara candidat à la présidence et retourna au Cap-Haïtien, sa ville natale, dans l'intention de se faire élire tout d'abord député. Là, il trouva des ennemis personnels et des adversaires puissants qui firent échec à sa candidature. Une bagarre eut lieu le jour des élections, dans laquelle plusieurs citoyens trouvèrent la mort.

Le gouvernement provisoire décida à l'unanimité de déléguer le général Nord Alexis, l'homme le plus influent du Cap-Haïtien et du département du Nord, pour y rétablir la paix et maintenir l'ordre pendant la période électorale. M. Firmin et ses amis s'insurgèrent contre l'autorité du ministre provisoire de la Guerre. Une lutte s'ensuivit dans laquelle l'ancien ministre d'Haïti à Paris eut le dessous. Il fit alors appel au corps consulaire de la ville pour le protéger. Celui-ci demanda au général Nord l'autorisation d'embarquer M. Firmin sous la condition expresse et la *promesse formelle* que ce dernier partirait à l'étranger.

Il ne tint pas sa parole. Il alla débarquer aux Gonaïves où, grâce à l'influence du général Jean-Jumeau, il ne tarda pas à gagner à sa cause les départements de l'Artibonite et du Nord-Ouest. Il lança une protestation contre le gouvernement provisoire et forma un gouvernement révolutionnaire dont il prit la direction.

Des forces partirent de Port-au-Prince et du Cap-Haïtien dans le but de mettre les révolutionnaires à la raison.

Après une lutte acharnée qui dura quatre longs mois, dans laquelle des centaines de vies furent sacrifiées, M. Firmin fut de nouveau vaincu et obligé de prendre cette fois le chemin de l'exil. Ce fut encore Nord Alexis qui eut la tâche délicate et difficile de l'œuvre de la pacification finale des départements insurgés.

Partout il trouva sur son chemin la désolation et la misère affreuse.

Le général Nord s'acquitta de cette mission avec vaillance et modération. Il s'occupa surtout de porter un soulagement immédiat aux souffrances des populations un moment égarées. Cette tâche achevée, le général Nord revint à Port-au-Prince où *son grand âge, son patriotisme, ses états de service, tout un long passé de soldat loyal joint à son prestige de généralissime de l'armée l'imposèrent à l'attention des Chambres qui l'élirent à la Présidence de la République, après que l'armée l'avait acclamé.*

Depuis, le président Nord, — *qui n'est pas du tout un illettré, — c'est une affreuse calomnie et un mensonge odieux,* — a eu souvent à lutter contre les ennemis de la paix publique.

C'est au prix de sacrifices, *quelquefois douloureux*, aidé d'une énergie admirable qu'il maintient cette paix si nécessaire au pays, presque complètement ruiné par cette longue succession de troubles politiques.

Le président Nord Alexis n'est pas plus responsable des désordres politiques que de la mauvaise situation économique. Il faut en chercher les causes dans les vols et les gaspillages des gouvernements précédents et dans la misère que laisse après elle chaque révolution armée.

Aussi, sommes-nous persuadé, malgré les grandes déclarations du chef des révolutionnaires haïtiens, qu'une expédition armée, à l'heure actuelle, est une chose impossible.

Les Etats-Unis avec lesquels nous entretenons des relations diplomatiques cordiales n'ont aucune influence politique ni financière en Haïti. Le *yankee* n'est pas aimé chez nous.

En Europe, on se fait une fausse idée de notre situation vis-à-vis de notre puissante voisine, la République étoilée. Il n'existe pas chez nous une seule maison de commerce américaine importante. Les Américains n'ont pas une seule entreprise sérieuse en Haïti.

C'est une fable ridicule et grotesque que celle qui consiste à répéter souvent que le gouvernement de Washington a envoyé des navires de guerre en Haïti pour protéger les intérêts de ses nationaux. Nous mettons au défi de trouver une demi-douzaine de vrais citoyens américains dans toute la République d'Haïti.

La nouvelle publiée dernièrement par tous les journaux parisiens, de l'*expédition de 5.000 soldats* par le gouvernement des Etats-Unis, sous la conduite du capitaine Joung, ancien attaché militaire à Port-au-Prince, n'a pu germer que dans l'esprit fantaisiste de journalistes américains trop connus par leur chauvinisme de l'information à outrance.

D'ailleurs, si l'indépendance d'Haïti était menacée par une puissance quelconque, tous les Haïtiens, sans exception de partis, se lèveraient comme un seul homme pour repousser l'invasion étrangère.

Si quelques haïtiens admirent la hardiesse de la conception américaine, personne ne désire ni ne souhaite que le *Yankee* vienne fourrer le nez dans nos affaires.

En résumé, la nouvelle tentative d'une expédition armée, que M. Firmin se propose de faire contre le président Nord ne sera certainement pas plus heureuse que les précédentes. Ses chances ont sensiblement diminué et il reprendra difficilement du poil de la bête.

Son parti, considérablement affaibli par ses insuccès répétés, n'existe plus que de nom. Il lui manque tous les éléments indispensables pour entrer en guerre contre le président Nord, qui est un chef puissant et énergique.

D'autre part, le Président a promis de maintenir la paix et d'assurer la transmission légale du pouvoir au printemps prochain. Il tiendra sa parole. Personne ne peut l'en empêcher.

La situation économique du pays n'est pas brillante; mais nous avons foi dans l'avenir de notre République.

Sa dette publique est bien peu de chose à côté de ses immenses ressources. Haïti est un pays riche et fertile. Il suffira de quelques années de paix, non de cette paix armée plus inquiétante que la révolution elle-même, et d'une administration régulière pour que la *perle des Antilles* reprenne sa splendeur et sa prospérité d'autrefois.

C'est le rêve de tous les vrais Haïtiens et en particulier du président Nord Alexis, qui aime profondément son pays.

Voilà les faits. Voilà aussi les actes sur lesquels des écrivains sans scrupule se basent le plus souvent pour débiter sur notre compte les fantaisies grotesques et ridicules dont quelques journaux parisiens ont le monopole.

Nous reprendrons la question prochainement, dans un article plus documenté.

Dr Aug. Casséus.

Paris, le 20 septembre 1908.

Cher Monsieur,

Comme je vous l'ai dit, la deuxième partie de votre excellent article n'est pas d'actualité, et la première partie ne constitue malheureusement pas un « article ». C'est une réponse à M. Pierre Baudin que vous devriez adresser à notre collaborateur personnellement. Il y verrait peut-être matière à une nouvelle chronique. Ne le pensez-vous pas ?

Avec tous mes regrets, voulez-vous agréer, cher Monsieur, l'assurance de mes sentiments sympathiques et dévoués.

Signé : FERNAND HAUSER,
Rédacteur au Journal,

M. le Dr AUG. CASSÉUS,
76, rue Gay-Lussac, Paris.

Paris, le   septembre 1908.

M. P. Baudin,

En ville.

Monsieur,

J'ai lu avec une émotion profonde dans le numéro du *Journal* du 31 août combien votre patriotisme farouche et vigilant s'était dressé fougueux et inquiet à la suite d'une étude comparative des quatre puissances : les Etats-Unis, l'Angleterre, la France et l'Allemagne, publiée dans la revue allemande *Die Zukunf* et où votre pays se trouvait « l'objet d'une critique injurieuse, pleine de parti-pris et évidemment injuste ».

Mon admiration pour votre beau talent d'écrivain est très grande. Elle n'a plus de limite quand, dans des articles comme : *La Presse allemande*, vous me donnez une si belle leçon de patriotisme indigné.

Permettez-moi donc, Monsieur, d'être très étonné qu'un si grand cœur de patriote comme le vôtre ne réponde pas toujours à l'appel du patriotisme d'où qu'il vienne.

Ce sentiment, — pour élevé qu'il soit, — ne saurait constituer, — à mon humble avis, — un monopole, ni l'apanage exclusif de quelques personnages privilégiés. Il est susceptible de prendre naissance dans toutes les âmes conscientes de l'idée de patrie.

C'est ainsi que dans votre article intitulé : *La Protection des noirs*, publié dans le numéro du *Journal* du 17 août, après avoir présenté des considérations très générales à l'appui de la thèse de l'infériorité de la race noire, vous avez directement et injustement pris à parti, Haïti, mon pays.

Votre « critique injurieuse et d'autant plus évidemment injuste », qu'elle était basée sur des erreurs historiques grossières, m'a profondément blessé. Mon patriotisme indigné s'est ému lui aussi. Et, dans l'intérêt de la vérité historique, en réponse à la condamnation *latæ sententiæ* que vous avez prononcée contre les Haïtiens et la race noire tout entière, j'eus l'honneur d'adresser une lettre à la direction du *Journal*, en lui demandant de vouloir la soumettre au bon sens et au jugement du public.

Il m'a été répondu verbalement, — et à peu près dans ce sens, — que votre autorité et votre prestige dans la rédaction du *Journal* ne permettaient pas de relever vos erreurs ni de protester contre les généralisations inexactes et les légendes fantaisistes qu'il vous plaît de débiter au public sur le compte d'une nation et de toute une race.

Je pardonnerais à la rigueur ce scrupule de la rédaction du *Journal* vis-à-vis de l'un de ses collaborateurs les plus qualifiés. Mais ce que je n'ai pas compris c'est que vous, M. Baudin, qui tenez si haut le sentiment de l'honneur national, qui êtes si jaloux du renom et du prestige de votre pays, vous ne vous soyez pas placé au-dessus des susceptibilités mesquines pour reconnaître vos torts et autoriser le *Journal* à m'accorder la réparation à laquelle j'ai droit.

Votre attitude cependant, Monsieur, ne m'a étonné qu'à moitié. Vous êtes personnel et exclusif. Vous ramenez tout à soi. De même que vous avez décrété la race noire inférieure à la vôtre, que vous vous reconnaissez à vous seul le droit et le devoir de réclamer au nom de votre pays injustement critiqué, — de même vous voulez réserver aux seuls écrivains de profession le privilège d'exposer leurs idées au public. Ceux-ci dites-vous, « ne doivent pas permettre aux amateurs de se glisser dans leurs rangs ».

Prétendez-vous avoir seuls en partage le bon sens et la raison ?

Pour un ancien ministre d'une nation et d'un gouvernement démocratique, vous avez diablement développé, Monsieur, le sentiment du privilège et du monopole.

Malgré le silence de déférence de la direction du *Journal* et le vôtre, bien moins justifié, le public, Monsieur, qui est notre juge à tous, saura l'injustice et le parti-pris évident que vous avez mis à vous attaquer à mon pays.

Il verra la faiblesse que vous avez eue, vous, et vos amis du *Journal*, de me priver d'un droit sacré, — si vous ne m'en reconnaissez aucun autre, — celui de la défense de mon pays et de ma race injustement et indignement outragés.

Veuillez agréer, etc.

Dr Aug. Casséus.

Paris. — Typ. A. Davy, 52, rue Madame. *Téléphone* 704-19.

www.ingramcontent.com/pod-product-compliance
Ingram Content Group UK Ltd.
Pitfield, Milton Keynes, MK11 3LW, UK
UKHW012125240726
13965UKWH00005B/1974

9 782012 976931